7

Lk 1695.

DEUX MOTS

SUR LE PROJET DE DESCENTE

DE CÉSAR ET DES ESPAGNOLS,

A Cauterets.

A Pau,

É. VIGNANCOUR, IMPRIMEUR-LIBRAIRE.

1856.

CAUTERETS.

Dᴇᴜx mots sur le projet de descente de César
et des Espagnols.

Il faut le dire, nos sources thermales pren-
nent de jour en jour un prodigieux dévelop-
pement. Il est dû, en partie, à de nouveaux
besoins, à de nouvelles exigences de la vie
sociale. Les petits voyages, les déplacemens,
les changemens de lieu, à certaines époques,
deviennent des nécessités pour tout le monde,
comme les promenades en Ecosse ou en Italie,
pour les gens du bel air et à grosse bourse.
Médecin, j'y joindrai, en cause première,
l'urgence pour les vieux malades d'un moyen
non encore employé et tant désiré par le
malade et par les siens. C'est ici qu'on peut,
avec raison, appliquer le sixième aphorisme
d'Hippocrate : « *Ad extremos morbos, exactè
extremæ curationes opitmè conveniunt* (S. P.) »

Cauterets tient un rang distingué parmi nos

établissemens Pyrénéens. L'abondance et la variété de ses sources, sa température qui n'est ni trop basse, ni trop élevée, son beau vallon et le bon marché du confortable (à quelques exceptions près) le font rechercher et il est aujourd'hui un lieu de prédilection pour les infirmes et les coureurs d'eaux. Cette prédilection n'est pas une affaire de mode, elle durera. Amenée par des résultats inattendus, dans des cas graves, résultats appréciés par les grands maîtres, elle ne peut que grandir. Je le dis avec conviction, sans vouloir amoindrir en rien la spécialité et les vertus des autres sources Pyrénéennes qui jouissent d'une célébrité bien méritée et que je me plais à reconnaître, Cauterets deviendra la métropole des Pyrénées.

L'administration éclairée par un homme remarquable dans son art et pour lequel on fut si injuste, feu M. Clément Labbat, médecin, a montré de tout temps de la bienveillance pour Cauterets; mais voilà tout; Cauterets s'est formé lui-même et par la force des choses, et par les travaux de l'homme que je viens de nommer et auquel il me sera permis de payer un tardif et juste tribut d'éloges. Les personnes qui l'ont connu le trouvent mérité. Il fit pour Cauterets ce que les Bordeu firent pour Barèges et pour Bonne.

Deux sources importantes, César et les Espagnols jaillissent à trois cent cinquante pieds au-dessus du niveau de Cauterets. La montée est à pic; les porteurs et les malheureux écloppés, qui ne font pas le voyage d'Italie, le savent de reste. Aussi ces bains, si peu accessibles, étaient négligés et presque abandonnés, malgré leur antique et bonne réputation. Sous la république, où tout n'était pas mal, un ingénieur d'un grand mérite, dans un écrit fait à la hâte, mais fort et nerveux, demandait la descente de ces sources, pour la création dans Cauterets même d'un hôpital militaire, où les défenseurs de la patrie fussent soumis au mode de médication si avantageuse à Barèges. On détacha de cet établissement un certain nombre de blessés afin qu'on pût étudier sur eux et comparativement l'action thérapeutique de nos sources. Le résultat fut identique. A Cauterets, comme à Barèges, des esquilles osseuses, des balles furent amenées au-dehors par le travail suppuratif, des ankyloses furent guéries sous la direction de M. Clément Labbat, médecin inspecteur. La descente fut arrêtée; des circonstances fâcheuses empêchèrent qu'elle ne se réalisât.

Sous l'empire, M. Chazal étant préfet, le projet fut repris. Le célèbre Vauquelin fut consulté. Il admettait la possibilité de la descente avec les conditions nécessaires, c'est-à-dire, conservation du calorique le plus possible, et obstacle complet à l'introduction de l'air dans les conduits.

On devait élever un monument pour y loger les braves. La statue du grand homme devait se trouver à l'entrée. Les fonds étaient en caisse. La campagne de Russie, la défection survinrent, les fonds furent affectés à d'autres dépenses. Point de descente.

Sous la restauration, nouveaux plans, nouveaux projets, mais avortant toujours par une singulière fatalité.

Enfin, après Juillet, pour n'imiter en rien ni la république, ni l'empire, ni la restauration, il fut décidé qu'on construirait sur le lieu même, au point où vient sourdre l'eau minérale, un palais, que sais-je, une grotte, fruit de l'ardente imagination de M. l'architecte départemental Artigala. On était d'accord, le plan allait être adressé au conseil des bâtimens, plan corroboré du reste par un mémoire de M. l'inspecteur Buron, où il est démontré physiquement, chimiquement par A × B que la descente est infaisable.

Et cependant M. de Lonchamp qui, peut-être, ignorait les projets de descente formés à différentes époques, proposait l'aménagement de toutes les sources de l'est dans Cauterets pour y former un établissement digne des Romains.

L'opinion de M. de Lonchamp est une autorité en fait de chimie minérale, consciencieuse, en fait de chimie opérée sur les lieux. Les trois mémoires qu'il a lus en 1833 et en 1834 à l'institut l'établiraient suffisamment, si des travaux entrepris, par ordre du gouvernement, et exécutés avec la sagacité qui caractérise ce chimiste, n'étaient venus précédemment lui assigner un rang parmi nos célébrités de cet ordre.

J'ai lu avec étonnement dans les journaux que cette mission lui avait été retirée et qu'elle était confiée à l'auteur d'un Manuel d'Eaux minérales qui jamais n'est venu sur les lieux.

Membre du Conseil Général du canton d'Argelés et de la vallée de Saint-Savin, qui est propriétaire des sources ; médecin du reste, j'ai dû former et j'ai formé opposition à l'exécution du nouveau projet dans l'intérêt de mes compatriotes et des malades.

Je fis connaître à l'autorité établie depuis peu dans nos contrées tous les faits que je viens de rapporter. M. Bureaux de Puzy, notre Préfet, et notre Sous-Préfet, M. d'Estampes, s'empressèrent de nommer une commission qui se transporta sur les lieux et qui déclara, après un essai de descente, et à l'unanimité, que l'Eau ne perdrait rien de ses principes minéraux et qu'elle perdrait infiniment peu de calorique, si les conduits étaient convenablement établis. La commission se composait de Médecins, d'Ingénieurs, de Pharmaciens. Mon confrère, M. le docteur Buron en faisait partie, et moi aussi.

Il fut convenu qu'un plan de construction serait dressé, ainsi qu'un devis estimatif, et qu'il en serait donné connaissance aux conseils municipaux de la vallée. Ce plan, approuvé par eux, fut envoyé au Conseil des bâtimens qui l'adopta avec quelques modifications : le devis ne s'élevait guère au-dessus de 100,000 fr. Mais notre département, qui est une école primaire de Préfets, fut bientôt administré par M. de

Saint-Aignan qui, par des relations d'intimité avec un homme que la science regrette, feu M. Lherminier, se trouva tout à coup opposant à la descente. Le rapport de la commission fut soumis à l'Académie Royale de Médecine, ainsi que le Mémoire de M. Buron. L'Académie fut de l'avis du Mémoire. Les Membres de la commission furent trouvés peu chimistes et passablement ridicules; et ce pauvre rapport, sans prétentions scientifiques, adressé au Ministre de l'intérieur, n'était qu'une simple relation de notre investigation des lieux, avec demande d'envoyer un chimiste pour décider la question.

Les choses en étaient là, lorsque M. Orfila, doyen de la Faculté de médecine de Paris, chimiste consommé, vint faire usage de nos Eaux : nos Eaux lui rendirent la santé et il a bien voulu les analyser sans doute par reconnaissance. Il s'est trouvé de l'avis de M. Lomet, de M. Vauquelin, de M. de Lonchamp, voire même de celui de la commission. Aujourd'hui la descente de ces sources convient à tout le monde. Elle est surtout prônée par M. Artigala, architecte, mandé venir à Paris, l'hyver dernier, pour s'expliquer sur un plan dont il est en partie l'auteur. *Suum cuique.* Le plan est adopté.

On nous promet des merveilles, mais malheureusement la vallée de Saint-Savin doit les créer avec son argent, et en dévastant ses belles forêts, en outrant les coupes qui sont ses seules ressources, il sera difficile de dépasser, par les ventes de bois, le chiffre de 180,000 fr. Or, la

mise à prix de l'adjudication est de 243,000 fr.
sans y comprendre l'achat du terrain pour y
construire l'Etablissement, l'achat des maisons
voisines, car il faut une place pour jouir de la
vue du monument.

J'aime à croire qu'on ne sacrifiera pas à des
enjolivemens, à des décors d'architecture, l'ame-
nagement des eaux, et qu'on enverra de Paris
ou d'ailleurs, pour diriger ces importans travaux,
un Ingénieur chimiste et physicien, un homme
capable enfin, à la place d'un niveleur,
d'un jaugeur, d'un misérable fontainier qui ne
s'occupe que de jets d'eau, de réservoirs, de
robinets, sans tenir compte, ni du calorique,
ni des principes minéralisateurs qu'il faut con-
server si religieusement.

La vallée de Saint-Savin voulait demander la
présence sur les lieux d'un homme qui pût con-
venir et le rétribuer largement; mais, par un
oubli que je ne m'explique pas, on ne lui a
point soumis le plan. L'adjudication s'est faite,
sans sa direction, hors du lieu naturel, malgré
son opposition formelle, sans consulter ses ressources. Elle s'est faite sans formes, sans légalité,
en mépris du décret du 5 novembre 1805, et
de la circulaire du 10 septembre 1821, qui ré-
gissent la matière. Il doit y avoir, d'après la
loi, pour toute adjudication, même pour la moins
importante, deux affiches successives; il n'y en
a eu qu'une pour César et les Espagnols et il
s'agit d'une somme 243,000 fr.

Première violation du décret et de la circulaire.

Le même décret et la même circulaire déterminent la marche à suivre en matière d'adjudication. Celle qui nous occupe devait être faite en présence du Préfet et de l'Architecte du département, par le Maire, assisté de quelques Membres du Conseil municipal ; mais comme l'établissement est indivis entre plusieurs communes, c'étaient les délégués de ces communes qui devaient recevoir et prononcer l'adjudication. Le contraire a eu lieu, l'adjudication a été reçue et prononcée par le Préfet et l'Architecte, en conseil de Préfecture. Seconde violation du décret et de la circulaire déjà cités.

Du reste, l'administration du troisième arrondissement, qui est la nôtre, est totalement étrangère à la consommation de pareils actes qu'elle réprouve, du moins j'aime à le croire.

Je demande pardon à tout avocat, à tout procureur, à tout administrateur, si je me suis servi de quelque expression impropre en citant des lois, des décrets et des circulaires, car, je le confesse à ma honte, je n'ai jamais ouvert un code, pas même le Code civil.

J'ai dû dire des vérités, mais aujourd'hui personne ne s'en formalise, on aime à les dire et à les entendre.

BORDEU, M.
Membre du Conseil général.

Cauterets, 15 août 1836.

PAU, É. VIGNANCOUR, IMPR.-LIBRAIRE.